# This Book Belongs To:

Impressum/Legal notice/Mentions légales/Impronta/Pie de imprenta/Imprento

© Paint Easy 2021
1. Auflage
Nachdruck, auch auszugsweise, verboten.


 Kontakt: Kiesow-Publishing, Potsdamer Winkel 6a, 31303 Burgdorf
Mail: kiesow-publishing@gmx.de
 Druckerei: Amazon Media EU S.à r.l., 5 Rue Plaetis, L-2338, Luxembourg

Imprint: Independently published


German:
Copyright 2021 – alle Rechte vorbehalten.
Das Werk einschließlich aller Inhalte ist urheberrechtlich geschützt. Sämtliche Texte,
Grafiken und Illustrationen sind urheberrechtlich geschützt. Eine Reproduktion
oder Vervielfältigung der Inhalte dieses Buches sind ohne Genehmigung des Autors
nicht gestattet. Alle Rechte an diesem Buch liegen bei dem Autor.
Haftungsausschluß: Für Schäden oder Verluste, die aus der Anwendung der Inhalte
dieses Buches resultieren, kann keine Haftung übernommen werden.


Englisch:
Copyright 2021 - all rights reserved.
The work including all contents is protected by copyright. All texts,
graphics and illustrations are protected by copyright. Reproduction
reproduction or copying of the contents of this book is not permitted without the author's
permission of the author. All rights to this book are held by the author.
Disclaimer: No liability can be accepted for damage or loss resulting from the use of the
contents of this book.
This book may not be reproduced or duplicated without the permission of the author.


French:
Copyright 2021 - tous droits réservés.
L'œuvre, y compris son contenu, est protégée par le droit d'auteur. Tous les textes,
les graphiques et les illustrations sont protégés par des droits d'auteur. Toute reproduction
La reproduction ou la copie du contenu de ce livre n'est pas autorisée sans l'autorisation de
l'auteur.
sans la permission de l'auteur. Tous les droits de ce livre sont détenus par l'auteur.
Clause de non-responsabilité : Aucune responsabilité ne peut être acceptée pour les dommages
ou les pertes résultant de l'utilisation du contenu de ce livre.
le contenu de ce livre, aucune responsabilité ne peut être assumée.


Italian:
Copyright 2021 - tutti i diritti riservati.
L'opera, compresi tutti i contenuti, è protetta da copyright. Tutti i testi,
i grafici e le illustrazioni sono protetti da copyright. Qualsiasi riproduzione
la riproduzione o la copia del contenuto di questo libro non è consentita senza l'autorizzazione
dell'autore
senza il permesso dell'autore. Tutti i diritti di questo libro sono detenuti dall'autore.
Disclaimer: Nessuna responsabilità può essere accettata per danni o perdite derivanti dall'uso del
contenuto di questo libro.
contenuto di questo libro, non si può assumere alcuna responsabilità.


Spanish:
Copyright 2021 - todos los derechos reservados.
La obra, incluido su contenido, está protegida por derechos de autor. Todos los textos,
los gráficos e ilustraciones están protegidos por derechos de autor. Cualquier reproducción
No se permite la reproducción o copia del contenido de este libro sin el consentimiento del
autor.
sin permiso del autor. Todos los derechos de este libro pertenecen al autor.
Descargo de responsabilidad: No se acepta ninguna responsabilidad por los daños o pérdidas
resultantes del uso del contenido de este libro.
contenido de este libro, no se puede asumir ninguna responsabilidad.